TRANZLATY

Language is for everyone

Språk er for alle

Beauty and the Beast

Skjønnheten og Udyret

Gabrielle-Suzanne Barbot de Villeneuve

English / Norsk

Copyright © 2025 Tranzlaty
All rights reserved
Published by Tranzlaty
ISBN: 978-1-83566-982-2
Original text by Gabrielle-Suzanne Barbot de Villeneuve
La Belle et la Bête
First published in French in 1740
Taken from The Blue Fairy Book (Andrew Lang)
Illustration by Walter Crane
www.tranzlaty.com

There was once a rich merchant
Det var en gang en rik kjøpmann
this rich merchant had six children
denne rike kjøpmannen hadde seks barn
he had three sons and three daughters
han hadde tre sønner og tre døtre
he spared no cost for their education
han sparte ingen kostnader for utdanningen deres
because he was a man of sense
fordi han var en mann med fornuft
but he gave his children many servants
men han ga sine barn mange tjenere
his daughters were extremely pretty
døtrene hans var ekstremt pene
and his youngest daughter was especially pretty
og hans yngste datter var spesielt pen
as a child her Beauty was already admired
som barn ble hennes skjønnhet allerede beundret
and the people called her by her Beauty
og folket kalte henne for hennes skjønnhet
her Beauty did not fade as she got older
skjønnheten hennes bleknet ikke ettersom hun ble eldre
so the people kept calling her by her Beauty
så folket fortsatte å kalle henne for hennes skjønnhet
this made her sisters very jealous
dette gjorde søstrene hennes veldig sjalu
the two eldest daughters had a great deal of pride
de to eldste døtrene hadde en stor grad av stolthet
their wealth was the source of their pride
deres rikdom var kilden til deres stolthet
and they didn't hide their pride either
og de la ikke skjul på stoltheten sin heller
they did not visit other merchants' daughters
de besøkte ikke andre kjøpmannsdøtre
because they only meet with aristocracy
fordi de bare møter aristokrati

they went out every day to parties
de gikk ut hver dag til fester
balls, plays, concerts, and so forth
baller, skuespill, konserter og så videre
and they laughed at their youngest sister
og de lo av sin yngste søster
because she spent most of her time reading
fordi hun brukte mesteparten av tiden sin på å lese
it was well known that they were wealthy
det var velkjent at de var velstående
so several eminent merchants asked for their hand
så flere eminente kjøpmenn ba om deres hånd
but they said they were not going to marry
men de sa at de ikke skulle gifte seg
but they were prepared to make some exceptions
men de var forberedt på å gjøre noen unntak
"perhaps I could marry a Duke"
"kanskje jeg kunne gifte meg med en hertug"
"I guess I could marry an Earl"
"Jeg antar at jeg kunne gifte meg med en jarl"
Beauty very civilly thanked those that proposed to her
skjønnhet takket veldig borgerlig de som fridde til henne
she told them she was still too young to marry
hun fortalte dem at hun fortsatt var for ung til å gifte seg
she wanted to stay a few more years with her father
hun ønsket å bli noen år til hos faren

All at once the merchant lost his fortune
Med en gang mistet kjøpmannen formuen
he lost everything apart from a small country house
han mistet alt bortsett fra et lite landsted
and he told his children with tears in his eyes:
og han fortalte barna sine med tårer i øynene:
"we must go to the countryside"
"vi må gå på landsbygda"
"and we must work for our living"
"og vi må jobbe for livet vårt"

the two eldest daughters didn't want to leave the town
de to eldste døtrene ville ikke forlate byen
they had several lovers in the city
de hadde flere elskere i byen
and they were sure one of their lovers would marry them
og de var sikre på at en av deres elskere ville gifte seg med dem
they thought their lovers would marry them even with no fortune
de trodde deres elskere ville gifte seg med dem selv uten formue
but the good ladies were mistaken
men de flinke damene tok feil
their lovers abandoned them very quickly
deres elskere forlot dem veldig raskt
because they had no fortunes any more
fordi de ikke hadde noen formuer lenger
this showed they were not actually well liked
dette viste at de faktisk ikke var godt likt
everybody said they do not deserve to be pitied
alle sa at de ikke fortjener å bli synd på
"we are glad to see their pride humbled"
"vi er glade for å se deres stolthet ydmyket"
"let them be proud of milking cows"
"la dem være stolte av å melke kyr"
but they were concerned for Beauty
men de var opptatt av skjønnhet
she was such a sweet creature
hun var en så søt skapning
she spoke so kindly to poor people
hun snakket så vennlig til fattige mennesker
and she was of such an innocent nature
og hun var av en så uskyldig natur
Several gentlemen would have married her
Flere herrer ville ha giftet seg med henne
they would have married her even though she was poor

de ville ha giftet seg med henne selv om hun var fattig
but she told them she couldn't marry them
men hun fortalte dem at hun ikke kunne gifte seg med dem
because she would not leave her father
fordi hun ikke ville forlate faren sin
she was determined to go with him to the countryside
hun var fast bestemt på å bli med ham på landet
so that she could comfort and help him
slik at hun kunne trøste og hjelpe ham

Poor Beauty was very grieved at first
Stakkars skjønnhet ble veldig bedrøvet i begynnelsen
she was grieved by the loss of her fortune
hun ble sørget over tapet av formuen
"but crying won't change my fortunes"
"men å gråte vil ikke forandre formuen min"
"I must try to make myself happy without wealth"
"Jeg må prøve å gjøre meg selv lykkelig uten rikdom"
they came to their country house
de kom til landstedet sitt
and the merchant and his three sons applied themselves to husbandry
og kjøpmannen og hans tre sønner drev jordbruk
Beauty rose at four in the morning
skjønnheten steg klokken fire om morgenen
and she hurried to clean the house
og hun skyndte seg å rydde huset
and she made sure dinner was ready
og hun sørget for at middagen var klar
in the beginning she found her new life very difficult
i begynnelsen syntes hun det nye livet var veldig vanskelig
because she had not been used to such work
fordi hun ikke hadde vært vant til slikt arbeid
but in less than two months she grew stronger
men på mindre enn to måneder ble hun sterkere
and she was healthier than ever before
og hun var sunnere enn noen gang før

after she had done her work she read
etter at hun hadde gjort arbeidet sitt leste hun
she played on the harpsichord
hun spilte på cembalo
or she sung whilst she spun silk
eller hun sang mens hun spunnet silke
on the contrary, her two sisters did not know how to spend their time
tvert imot, hennes to søstre visste ikke hvordan de skulle bruke tiden sin
they got up at ten and did nothing but laze about all day
de sto opp klokka ti og gjorde ikke annet enn å sløve seg hele dagen
they lamented the loss of their fine clothes
de beklaget tapet av sine fine klær
and they complained about losing their acquaintances
og de klaget over å miste sine bekjente
"Have a look at our youngest sister," they said to each other
«Ta en titt på vår yngste søster», sa de til hverandre
"what a poor and stupid creature she is"
"for en stakkars og dum skapning hun er"
"it is mean to be content with so little"
"det er vondt å være fornøyd med så lite"
the kind merchant was of quite a different opinion
den snille kjøpmannen var av en helt annen oppfatning
he knew very well that Beauty outshone her sisters
han visste godt at skjønnheten overgikk søstrene hennes
she outshone them in character as well as mind
hun overgikk dem i karakter så vel som sinn
he admired her humility and her hard work
han beundret hennes ydmykhet og hennes harde arbeid
but most of all he admired her patience
men mest av alt beundret han tålmodigheten hennes
her sisters left her all the work to do
søstrene hennes forlot henne alt arbeidet å gjøre
and they insulted her every moment

og de fornærmet henne hvert øyeblikk

The family had lived like this for about a year
Familien hadde levd slik i omtrent ett år
then the merchant got a letter from an accountant
så fikk kjøpmannen et brev fra en regnskapsfører
he had an investment in a ship
han hadde en investering i et skip
and the ship had safely arrived
og skipet var trygt ankommet
this news turned the heads of the two eldest daughters
Nyheten hans snudde hodet til de to eldste døtrene
they immediately had hopes of returning to town
de hadde umiddelbart håp om å komme tilbake til byen
because they were quite weary of country life
fordi de var ganske slitne av livet på landet
they went to their father as he was leaving
de dro til faren da han dro
they begged him to buy them new clothes
de ba ham kjøpe nye klær til dem
dresses, ribbons, and all sorts of little things
kjoler, bånd og alle slags småting
but Beauty asked for nothing
men skjønnheten ba om ingenting
because she thought the money wasn't going to be enough
fordi hun trodde pengene ikke kom til å strekke til
there wouldn't be enough to buy everything her sisters wanted
det ville ikke være nok til å kjøpe alt søstrene hennes ønsket seg
"What would you like, Beauty?" asked her father
"Hva vil du, skjønnhet?" spurte faren hennes
"thank you, father, for the goodness to think of me," she said
«Takk, far, for godheten til å tenke på meg,» sa hun
"father, be so kind as to bring me a rose"
"far, vær så snill å gi meg en rose"
"because no roses grow here in the garden"

"fordi ingen roser vokser her i hagen"
"and roses are a kind of rarity"
"og roser er en slags sjeldenhet"
Beauty didn't really care for roses
skjønnhet brydde seg egentlig ikke om roser
she only asked for something not to condemn her sisters
hun ba bare om noe for ikke å fordømme søstrene hennes
but her sisters thought she asked for roses for other reasons
men søstrene hennes trodde hun ba om roser av andre grunner
"she did it just to look particular"
"hun gjorde det bare for å se spesiell ut"

The kind man went on his journey
Den snille mannen dro på sin reise
but when he arrived they argued about the merchandise
men da han kom, kranglet de om varene
and after a lot of trouble he came back as poor as before
og etter mye trøbbel kom han tilbake like fattig som før
he was within a couple of hours of his own house
han var innen et par timer fra sitt eget hus
and he already imagined the joy of seeing his children
og han så allerede for seg gleden ved å se barna sine
but when going through forest he got lost
men når han gikk gjennom skogen gikk han seg vill
it rained and snowed terribly
det regnet og snødde fryktelig
the wind was so strong it threw him off his horse
vinden var så sterk at han kastet seg av hesten
and night was coming quickly
og natten kom raskt
he began to think that he might starve
han begynte å tenke på at han kunne sulte
and he thought that he might freeze to death
og han tenkte at han kunne fryse i hjel
and he thought wolves may eat him
og han trodde ulver kunne spise ham

the wolves that he heard howling all round him
ulvene som han hørte hyle rundt seg
but all of a sudden he saw a light
men plutselig så han et lys
he saw the light at a distance through the trees
han så lyset på avstand gjennom trærne
when he got closer he saw the light was a palace
da han kom nærmere så han at lyset var et palass
the palace was illuminated from top to bottom
palasset ble opplyst fra topp til bunn
the merchant thanked God for his luck
kjøpmannen takket Gud for lykken
and he hurried to the palace
og han skyndte seg til palasset
but he was surprised to see no people in the palace
men han ble overrasket over å se ingen mennesker i palasset
the court yard was completely empty
gårdsplassen var helt tom
and there was no sign of life anywhere
og det var ingen tegn til liv noe sted
his horse followed him into the palace
hesten hans fulgte ham inn i palasset
and then his horse found large stable
og så fant hesten hans stor stall
the poor animal was almost famished
det stakkars dyret var nesten utsultet
so his horse went in to find hay and oats
så hesten hans gikk inn for å finne høy og havre
fortunately he found plenty to eat
heldigvis fant han mye å spise
and the merchant tied his horse up to the manger
og kjøpmannen bandt hesten sin til krybben
walking towards the house he saw no one
Han gikk mot huset og så ingen
but in a large hall he found a good fire
men i en stor sal fant han et godt bål

and he found a table set for one
og han fant et bord dekket til en
he was wet from the rain and snow
han var våt av regn og snø
so he went near the fire to dry himself
så han gikk nær ilden for å tørke seg
"I hope the master of the house will excuse me"
"Jeg håper husets herre vil unnskylde meg"
"I suppose it won't take long for someone to appear"
"Jeg antar at det ikke vil ta lang tid før noen dukker opp"
He waited a considerable time
Han ventet en god stund
he waited until it struck eleven, and still nobody came
han ventet til klokken slo elleve, og fortsatt kom ingen
at last he was so hungry that he could wait no longer
til slutt var han så sulten at han ikke kunne vente lenger
he took some chicken and ate it in two mouthfuls
han tok litt kylling og spiste den i to munnfuller
he was trembling while eating the food
han skalv mens han spiste maten
after this he drank a few glasses of wine
etter dette drakk han noen glass vin
growing more courageous he went out of the hall
han ble modigere og gikk ut av salen
and he crossed through several grand halls
og han krysset flere store saler
he walked through the palace until he came into a chamber
han gikk gjennom palasset til han kom inn i et kammer
a chamber which had an exceeding good bed in it
et kammer som hadde en overmåte god seng i seg
he was very much fatigued from his ordeal
han var veldig sliten etter prøvelsen
and the time was already past midnight
og klokken var allerede over midnatt
so he decided it was best to shut the door
så han bestemte seg for at det var best å lukke døren

and he concluded he should go to bed
og han konkluderte med at han skulle legge seg

It was ten in the morning when the merchant woke up
Klokken var ti om morgenen da kjøpmannen våknet
just as he was going to rise he saw something
akkurat da han skulle reise seg så han noe
he was astonished to see a clean set of clothes
han ble overrasket over å se et rent sett med klær
in the place where he had left his dirty clothes
på stedet hvor han hadde lagt igjen skitne klær
"certainly this palace belongs to some kind fairy"
"visst tilhører dette palasset en slags fe"
"a fairy who has seen and pitied me"
" en fe som har sett og syntes synd på meg"
he looked through a window
han så gjennom et vindu
but instead of snow he saw the most delightful garden
men i stedet for snø så han den herligste hage
and in the garden were the most beautiful roses
og i hagen var de vakreste rosene
he then returned to the great hall
han vendte så tilbake til den store salen
the hall where he had had soup the night before
salen hvor han hadde spist suppe kvelden før
and he found some chocolate on a little table
og han fant litt sjokolade på et lite bord
"Thank you, good Madam Fairy," he said aloud
"Takk, gode Madam Fairy," sa han høyt
"thank you for being so caring"
"takk for at du er så omsorgsfull"
"I am extremely obliged to you for all your favours"
"Jeg er ekstremt takknemlig overfor deg for alle dine tjenester"
the kind man drank his chocolate
den snille mannen drakk sjokoladen sin
and then he went to look for his horse
og så gikk han for å se etter hesten sin

but in the garden he remembered Beauty's request
men i hagen husket han skjønnhetens anmodning
and he cut off a branch of roses
og han skar av en gren av roser
immediately he heard a great noise
straks hørte han en stor lyd
and he saw a terribly frightful Beast
og han så et fryktelig skremmende dyr
he was so scared that he was ready to faint
han var så redd at han var klar til å besvime
"You are very ungrateful," said the Beast to him
"Du er veldig utakknemlig," sa beistet til ham
and the Beast spoke in a terrible voice
og dyret talte med en forferdelig røst
"I have saved your life by allowing you into my castle"
"Jeg har reddet livet ditt ved å la deg komme inn i slottet mitt"
"and for this you steal my roses in return?"
"og for dette stjeler du rosene mine i retur?"
"The roses which I value beyond anything"
"Rosene som jeg verdsetter over alt"
"but you shall die for what you've done"
"men du skal dø for det du har gjort"
"I give you but a quarter of an hour to prepare yourself"
"Jeg gir deg bare et kvarter til å forberede deg"
"get yourself ready for death and say your prayers"
"Gjør deg klar for døden og be dine bønner"
the merchant fell on his knees
kjøpmannen falt på kne
and he lifted up both his hands
og han løftet begge hendene sine
"My lord, I beseech you to forgive me"
"Min herre, jeg ber deg om å tilgi meg"
"I had no intention of offending you"
"Jeg hadde ingen intensjon om å fornærme deg"
"I gathered a rose for one of my daughters"
"Jeg samlet en rose til en av døtrene mine"

"she asked me to bring her a rose"
"hun ba meg gi henne en rose"
"I am not your lord, but I am a Beast," replied the monster
"Jeg er ikke din herre, men jeg er et beist," svarte monsteret
"I don't love compliments"
"Jeg elsker ikke komplimenter"
"I like people who speak as they think"
"Jeg liker folk som snakker som de tenker"
"do not imagine I can be moved by flattery"
"ikke forestill deg at jeg kan bli rørt av smiger"
"But you say you have got daughters"
"Men du sier du har fått døtre"
"I will forgive you on one condition"
"Jeg vil tilgi deg på en betingelse"
"one of your daughters must come to my palace willingly"
"en av døtrene dine må komme til mitt palass villig"
"and she must suffer for you"
"og hun må lide for deg"
"Let me have your word"
"La meg få ordet"
"and then you can go about your business"
"og så kan du gjøre jobben din"
"Promise me this:"
"Lov meg dette:"
"if your daughter refuses to die for you, you must return within three months"
"hvis datteren din nekter å dø for deg, må du komme tilbake innen tre måneder"
the merchant had no intentions to sacrifice his daughters
kjøpmannen hadde ingen intensjoner om å ofre døtrene sine
but, since he was given time, he wanted to see his daughters once more
men siden han fikk tid, ønsket han å se døtrene sine en gang til
so he promised he would return
så han lovet at han skulle komme tilbake

and the Beast told him he might set out when he pleased
og dyret fortalte ham at han kunne reise når det ville
and the Beast told him one more thing
og dyret fortalte ham en ting til
"you shall not depart empty handed"
"du skal ikke gå tomhendt"
"go back to the room where you lay"
"gå tilbake til rommet der du lå"
"you will see a great empty treasure chest"
"du vil se en stor tom skattekiste"
"fill the treasure chest with whatever you like best"
"fyll skattekisten med det du liker best"
"and I will send the treasure chest to your home"
"og jeg vil sende skattekisten til ditt hjem"
and at the same time the Beast withdrew
og samtidig trakk dyret seg tilbake

"Well," said the good man to himself
"Vel," sa den gode mannen til seg selv
"if I must die, I shall at least leave something to my children"
"hvis jeg må dø, skal jeg i det minste overlate noe til barna mine"
so he returned to the bedchamber
så han gikk tilbake til sengekammeret
and he found a great many pieces of gold
og han fant mange gullbiter
he filled the treasure chest the Beast had mentioned
han fylte skattekisten dyret hadde nevnt
and he took his horse out of the stable
og han tok hesten sin ut av stallen
the joy he felt when entering the palace was now equal to the grief he felt leaving it
gleden han følte da han gikk inn i palasset var nå lik den sorgen han følte da han forlot det
the horse took one of the roads of the forest
hesten tok en av skogens veier

and in a few hours the good man was home
og om noen timer var den gode mannen hjemme
his children came to him
hans barn kom til ham
but instead of receiving their embraces with pleasure, he looked at them
men i stedet for å ta imot omfavnelsene deres med glede, så han på dem
he held up the branch he had in his hands
han holdt opp grenen han hadde i hendene
and then he burst into tears
og så brast han i gråt
"Beauty," he said, "please take these roses"
"skjønnhet," sa han, "vær så snill å ta disse rosene"
"you can't know how costly these roses have been"
"du kan ikke vite hvor dyre disse rosene har vært"
"these roses have cost your father his life"
"disse rosene har kostet din far livet"
and then he told of his fatal adventure
og så fortalte han om sitt fatale eventyr
immediately the two eldest sisters cried out
straks ropte de to eldste søstrene
and they said many mean things to their beautiful sister
og de sa mange slemme ting til sin vakre søster
but Beauty did not cry at all
men skjønnheten gråt ikke i det hele tatt
"Look at the pride of that little wretch," said they
"Se på stoltheten til den lille stakkaren," sa de
"she did not ask for fine clothes"
"hun ba ikke om fine klær"
"she should have done what we did"
"hun burde ha gjort det vi gjorde"
"she wanted to distinguish herself"
"hun ønsket å skille seg ut"
"so now she will be the death of our father"
"så nå skal hun være farens død"

"and yet she does not shed a tear"
"og likevel feller hun ikke en tåre"
"Why should I cry?" answered Beauty
"Hvorfor skulle jeg gråte?" svarte skjønnhet
"crying would be very needless"
"å gråte ville være veldig unødvendig"
"my father will not suffer for me"
"min far vil ikke lide for meg"
"the monster will accept of one of his daughters"
"monsteret vil godta en av døtrene hans"
"I will offer myself up to all his fury"
"Jeg vil ofre meg til all hans vrede"
"I am very happy, because my death will save my father's life"
"Jeg er veldig glad, for min død vil redde min fars liv"
"my death will be a proof of my love"
"min død vil være et bevis på min kjærlighet"
"No, sister," said her three brothers
"Nei, søster," sa hennes tre brødre
"that shall not be"
"det skal ikke være"
"we will go find the monster"
"vi skal finne monsteret"
"and either we will kill him..."
"og enten dreper vi ham..."
"... or we will perish in the attempt"
"... ellers går vi til grunne i forsøket"
"Do not imagine any such thing, my sons," said the merchant
"Ikke forestill deg noe slikt, mine sønner," sa kjøpmannen
"the Beast's power is so great that I have no hope you could overcome him"
"dyrets kraft er så stor at jeg ikke har noe håp om at du kunne overvinne ham"
"I am charmed with Beauty's kind and generous offer"
"Jeg er sjarmert av skjønnhetens snille og sjenerøse tilbud"
"but I cannot accept to her generosity"

"men jeg kan ikke akseptere hennes generøsitet"
"I am old, and I don't have long to live"
"Jeg er gammel, og jeg har ikke lenge igjen å leve"
"so I can only loose a few years"
"så jeg kan bare tape noen få år"
"time which I regret for you, my dear children"
"tid som jeg angrer på for dere mine kjære barn"
"But father," said Beauty
"Men far," sa skjønnhet
"you shall not go to the palace without me"
"du skal ikke gå til palasset uten meg"
"you cannot stop me from following you"
"du kan ikke stoppe meg fra å følge deg"
nothing could convince Beauty otherwise
ingenting kunne overbevise skjønnhet ellers
she insisted on going to the fine palace
hun insisterte på å gå til det fine palasset
and her sisters were delighted at her insistence
og søstrene hennes var henrykte over hennes insistering

The merchant was worried at the thought of losing his daughter
Kjøpmannen var bekymret ved tanken på å miste datteren
he was so worried that he had forgotten about the chest full of gold
han var så bekymret at han hadde glemt kisten full av gull
at night he retired to rest, and he shut his chamber door
om natten trakk han seg tilbake for å hvile, og han lukket kammerdøren
then, to his great astonishment, he found the treasure by his bedside
så fant han til sin store forbauselse skatten ved sengen hans
he was determined not to tell his children
han var fast bestemt på å ikke fortelle barna sine
if they knew, they would have wanted to return to town
hvis de visste det, ville de ha ønsket å reise tilbake til byen
and he was resolved not to leave the countryside

og han var bestemt på ikke å forlate landet
but he trusted Beauty with the secret
men han stolte på skjønnheten med hemmeligheten
she informed him that two gentlemen had came
hun fortalte ham at det var kommet to herrer
and they made proposals to her sisters
og de kom med forslag til søstrene hennes
she begged her father to consent to their marriage
hun tryglet faren om å samtykke til ekteskapet deres
and she asked him to give them some of his fortune
og hun ba ham gi dem noe av formuen hans
she had already forgiven them
hun hadde allerede tilgitt dem
the wicked creatures rubbed their eyes with onions
de onde skapningene gned øynene med løk
to force some tears when they parted with their sister
å tvinge frem noen tårer da de skiltes med søsteren
but her brothers really were concerned
men brødrene hennes var virkelig bekymret
Beauty was the only one who did not shed any tears
skjønnhet var den eneste som ikke felte noen tårer
she did not want to increase their uneasiness
hun ønsket ikke å øke deres uro
the horse took the direct road to the palace
hesten tok den direkte veien til palasset
and towards evening they saw the illuminated palace
og mot kvelden så de det opplyste palasset
the horse took himself into the stable again
hesten tok seg inn i stallen igjen
and the good man and his daughter went into the great hall
og den gode mannen og hans datter gikk inn i den store salen
here they found a table splendidly served up
her fant de et flott servert bord
the merchant had no appetite to eat
kjøpmannen hadde ingen matlyst
but Beauty endeavoured to appear cheerful

men skjønnheten forsøkte å virke munter
she sat down at the table and helped her father
hun satte seg ved bordet og hjalp faren
but she also thought to herself:
men hun tenkte også for seg selv:
"Beast surely wants to fatten me before he eats me"
"beistet vil sikkert fete meg før det spiser meg"
"that is why he provides such plentiful entertainment"
"det er derfor han gir så rikelig underholdning"
after they had eaten they heard a great noise
etter at de hadde spist, hørte de en stor lyd
and the merchant bid his unfortunate child farewell, with tears in his eyes
og kjøpmannen tok farvel med sitt uheldige barn, med tårer i øynene
because he knew the Beast was coming
fordi han visste at dyret kom
Beauty was terrified at his horrid form
skjønnheten var livredd for hans grusomme form
but she took courage as well as she could
men hun tok mot til seg så godt hun kunne
and the monster asked her if she came willingly
og monsteret spurte henne om hun kom villig
"yes, I have come willingly," she said trembling
"ja, jeg har kommet villig," sa hun skjelvende
the Beast responded, "You are very good"
dyret svarte: "Du er veldig flink"
"and I am greatly obliged to you; honest man"
"og jeg er veldig takknemlig overfor deg, ærlig mann"
"go your ways tomorrow morning"
"gå dine veier i morgen tidlig"
"but never think of coming here again"
"men tenk aldri på å komme hit igjen"
"Farewell Beauty, farewell Beast," he answered
"Farvel skjønnhet, farvel beist," svarte han
and immediately the monster withdrew

og umiddelbart trakk monsteret seg tilbake
"Oh, daughter," said the merchant
"Å, datter," sa kjøpmannen
and he embraced his daughter once more
og han omfavnet datteren sin en gang til
"I am almost frightened to death"
"Jeg er nesten livredd"
"believe me, you had better go back"
"tro meg, du bør gå tilbake"
"let me stay here, instead of you"
"la meg bli her, i stedet for deg"
"No, father," said Beauty, in a resolute tone
«Nei, far,» sa skjønnheten i en bestemt tone
"you shall set out tomorrow morning"
"du skal reise i morgen tidlig"
"leave me to the care and protection of providence"
"overlat meg til omsorgen og beskyttelsen av forsynet"
nonetheless they went to bed
likevel gikk de til sengs
they thought they would not close their eyes all night
de trodde de ikke ville lukke øynene hele natten
but just as they lay down they slept
men akkurat da de la seg, sov de

Beauty dreamed a fine lady came and said to her:
skjønnhet drømte en fin dame kom og sa til henne:
"I am content, Beauty, with your good will"
"Jeg er fornøyd, skjønnhet, med din gode vilje"
"this good action of yours shall not go unrewarded"
"denne gode handlingen din skal ikke gå ubelønnet"
Beauty waked and told her father her dream
skjønnhet våknet og fortalte faren sin drøm
the dream helped to comfort him a little
drømmen var med på å trøste ham litt
but he could not help crying bitterly as he was leaving
men han kunne ikke la være å gråte bittert da han dro

as soon as he was gone, Beauty sat down in the great hall and cried too
så snart han var borte, satte skjønnheten seg ned i den store salen og gråt også
but she resolved not to be uneasy
men hun bestemte seg for ikke å være urolig
she decided to be strong for the little time she had left to live
hun bestemte seg for å være sterk den lille tiden hun hadde igjen å leve
because she firmly believed the Beast would eat her
fordi hun hadde fast tro på at dyret ville spise henne
however, she thought she might as well explore the palace
men hun tenkte at hun like godt kunne utforske palasset
and she wanted to view the fine castle
og hun ville se det fine slottet
a castle which she could not help admiring
et slott som hun ikke kunne la være å beundre
it was a delightfully pleasant palace
det var et herlig hyggelig palass
and she was extremely surprised at seeing a door
og hun ble ekstremt overrasket over å se en dør
and over the door was written that it was her room
og over døren stod det skrevet at det var hennes rom
she opened the door hastily
hun åpnet døren raskt
and she was quite dazzled with the magnificence of the room
og hun ble ganske blendet av rommets prakt
what chiefly took up her attention was a large library
det som først og fremst tok opp hennes oppmerksomhet var et stort bibliotek
a harpsichord and several music books
et cembalo og flere musikkbøker
"Well," said she to herself
"Vel," sa hun til seg selv
"I see the Beast will not let my time hang heavy"

"Jeg ser at udyret ikke vil la tiden min henge tung"
then she reflected to herself about her situation
så reflekterte hun for seg selv om situasjonen sin
"If I was meant to stay a day all this would not be here"
"Hvis det var meningen at jeg skulle bli en dag ville ikke alt dette vært her"
this consideration inspired her with fresh courage
denne omtanken inspirerte henne med friskt mot
and she took a book from her new library
og hun tok en bok fra det nye biblioteket sitt
and she read these words in golden letters:
og hun leste disse ordene med gyldne bokstaver:
"Welcome Beauty, banish fear"
"Velkommen skjønnhet, forvis frykt"
"You are queen and mistress here"
"Du er dronning og elskerinne her"
"Speak your wishes, speak your will"
"Si dine ønsker, si din vilje"
"Swift obedience meets your wishes here"
"Rask lydighet oppfyller dine ønsker her"
"Alas," said she, with a sigh
"Akk," sa hun med et sukk
"Most of all I wish to see my poor father"
"Mest av alt ønsker jeg å se min stakkars far"
"and I would like to know what he is doing"
"og jeg vil gjerne vite hva han gjør"
As soon as she had said this she noticed the mirror
Så snart hun hadde sagt dette la hun merke til speilet
to her great amazement she saw her own home in the mirror
til sin store forbauselse så hun sitt eget hjem i speilet
her father arrived emotionally exhausted
faren kom følelsesmessig utslitt
her sisters went to meet him
søstrene hennes gikk ham i møte
despite their attempts to appear sorrowful, their joy was visible

til tross for deres forsøk på å fremstå som sorgfulle, var gleden deres synlig
a moment later everything disappeared
et øyeblikk senere forsvant alt
and Beauty's apprehensions disappeared too
og skjønnhetens bekymringer forsvant også
for she knew she could trust the Beast
for hun visste at hun kunne stole på dyret

At noon she found dinner ready
Ved middagstid fant hun middagen klar
she sat herself down at the table
hun satte seg ved bordet
and she was entertained with a concert of music
og hun ble underholdt med en musikkkonsert
although she couldn't see anybody
selv om hun ikke kunne se noen
at night she sat down for supper again
om natten satte hun seg ned til kveldsmat igjen
this time she heard the noise the Beast made
denne gangen hørte hun lyden dyret laget
and she could not help being terrified
og hun kunne ikke la være å bli livredd
"Beauty," said the monster
"skjønnhet," sa monsteret
"do you allow me to eat with you?"
"tillater du meg å spise med deg?"
"do as you please," Beauty answered trembling
"gjør som du vil," svarte skjønnheten skjelvende
"No," replied the Beast
"Nei," svarte udyret
"you alone are mistress here"
"du alene er elskerinne her"
"you can send me away if I'm troublesome"
"du kan sende meg bort hvis jeg er plagsom"
"send me away and I will immediately withdraw"
"send meg bort og jeg trekker meg umiddelbart"

"But, tell me; do you not think I am very ugly?"
"Men si meg, synes du ikke jeg er veldig stygg?"
"That is true," said Beauty
"Det er sant," sa skjønnhet
"I cannot tell a lie"
"Jeg kan ikke fortelle en løgn"
"but I believe you are very good natured"
"men jeg tror du er veldig godmodig"
"I am indeed," said the monster
"Det er jeg virkelig," sa monsteret
"But apart from my ugliness, I also have no sense"
"Men bortsett fra min stygghet, har jeg heller ingen mening"
"I know very well that I am a silly creature"
"Jeg vet godt at jeg er en dum skapning"
"It is no sign of folly to think so," replied Beauty
"Det er ingen tegn på dårskap å tro det," svarte skjønnheten
"Eat then, Beauty," said the monster
«Spis da, skjønnhet», sa monsteret
"try to amuse yourself in your palace"
"prøv å underholde deg selv i palasset ditt"
"everything here is yours"
"alt her er ditt"
"and I would be very uneasy if you were not happy"
"og jeg ville vært veldig urolig hvis du ikke var fornøyd"
"You are very obliging," answered Beauty
"Du er veldig imøtekommende," svarte skjønnhet
"I admit I am pleased with your kindness"
"Jeg innrømmer at jeg er fornøyd med din vennlighet"
"and when I consider your kindness, I hardly notice your deformities"
"og når jeg tenker på din godhet, legger jeg nesten ikke merke til dine misdannelser"
"Yes, yes," said the Beast, "my heart is good
"Ja, ja," sa dyret, "mitt hjerte er godt
"but although I am good, I am still a monster"
"men selv om jeg er god, er jeg fortsatt et monster"

"There are many men that deserve that name more than you"
"Det er mange menn som fortjener det navnet mer enn deg"
"and I prefer you just as you are"
"og jeg foretrekker deg akkurat som du er"
"and I prefer you more than those who hide an ungrateful heart"
"og jeg foretrekker deg mer enn de som skjuler et utakknemlig hjerte"
"if only I had some sense," replied the Beast
"hvis jeg bare hadde litt fornuft," svarte udyret
"if I had sense I would make a fine compliment to thank you"
"Hvis jeg hadde fornuft, ville jeg gitt et fint kompliment for å takke deg"
"but I am so dull"
"men jeg er så kjedelig"
"I can only say I am greatly obliged to you"
"Jeg kan bare si at jeg er veldig takknemlig overfor deg"
Beauty ate a hearty supper
skjønnheten spiste en solid kveldsmat
and she had almost conquered her dread of the monster
og hun hadde nesten overvunnet frykten for monsteret
but she wanted to faint when the Beast asked her the next question
men hun ville besvime da dyret spurte henne neste spørsmål
"Beauty, will you be my wife?"
"skjønnhet, vil du være min kone?"
she took some time before she could answer
hun brukte litt tid før hun kunne svare
because she was afraid of making him angry
fordi hun var redd for å gjøre ham sint
at last, however, she said "no, Beast"
til slutt sa hun imidlertid "nei, beist"
immediately the poor monster hissed very frightfully
umiddelbart hveste det stakkars monsteret veldig forferdelig
and the whole palace echoed

og hele palasset runget
but Beauty soon recovered from her fright
men skjønnheten kom seg snart etter sin skrekk
because Beast spoke again in a mournful voice
fordi dyret snakket igjen med en sørgelig stemme
"then farewell, Beauty"
"så farvel, skjønnhet"
and he only turned back now and then
og han snudde bare tilbake nå og da
to look at her as he went out
å se på henne mens han gikk ut

now Beauty was alone again
nå var skjønnheten alene igjen
she felt a great deal of compassion
hun følte mye medfølelse
"Alas, it is a thousand pities"
"Akk, det er tusen synd"
"anything so good natured should not be so ugly"
"noe så godmodig skal ikke være så stygt"
Beauty spent three months very contentedly in the palace
skjønnhet tilbrakte tre måneder veldig fornøyd i palasset
every evening the Beast paid her a visit
hver kveld besøkte dyret henne
and they talked during supper
og de snakket sammen under kveldsmaten
they talked with common sense
de snakket med sunn fornuft
but they didn't talk with what people call wittiness
men de snakket ikke med det folk kaller vittighet
Beauty always discovered some valuable character in the Beast
skjønnhet oppdaget alltid en verdifull karakter i udyret
and she had gotten used to his deformity
og hun hadde blitt vant til misdannelsen hans
she didn't dread the time of his visit anymore
hun gruet seg ikke lenger til tidspunktet for hans besøk

now she often looked at her watch
nå så hun ofte på klokken
and she couldn't wait for it to be nine o'clock
og hun kunne ikke vente til klokken var ni
because the Beast never missed coming at that hour
fordi dyret aldri savnet å komme på den timen
there was only one thing that concerned Beauty
det var bare én ting som gjaldt skjønnhet
every night before she went to bed the Beast asked her the same question
hver kveld før hun la seg, stilte udyret henne det samme spørsmålet
the monster asked her if she would be his wife
monsteret spurte henne om hun ville være hans kone
one day she said to him, "Beast, you make me very uneasy"
en dag sa hun til ham, "dyr, du gjør meg veldig urolig"
"I wish I could consent to marry you"
"Jeg skulle ønske jeg kunne samtykke til å gifte meg med deg"
"but I am too sincere to make you believe I would marry you"
"men jeg er for oppriktig til å få deg til å tro at jeg ville gifte meg med deg"
"our marriage will never happen"
"ekteskapet vårt vil aldri skje"
"I shall always see you as a friend"
"Jeg vil alltid se deg som en venn"
"please try to be satisfied with this"
"Prøv å være fornøyd med dette"
"I must be satisfied with this," said the Beast
"Jeg må være fornøyd med dette," sa udyret
"I know my own misfortune"
"Jeg kjenner min egen ulykke"
"but I love you with the tenderest affection"
"men jeg elsker deg med den ømmeste hengivenhet"
"However, I ought to consider myself as happy"
"Men jeg burde betrakte meg selv som lykkelig"

"and I should be happy that you will stay here"
"og jeg burde være glad for at du blir her"
"promise me never to leave me"
"lov meg å aldri forlate meg"
Beauty blushed at these words
skjønnheten rødmet ved disse ordene

one day Beauty was looking in her mirror
en dag så skjønnheten i speilet hennes
her father had worried himself sick for her
faren hadde bekymret seg syk for henne
she longed to see him again more than ever
hun lengtet mer enn noen gang etter å se ham igjen
"I could promise never to leave you entirely"
"Jeg kunne lovet å aldri forlate deg helt"
"but I have so great a desire to see my father"
"men jeg har et så stort ønske om å se faren min"
"I would be impossibly upset if you say no"
"Jeg ville blitt umulig opprørt hvis du sier nei"
"I had rather die myself," said the monster
"Jeg ville heller dø selv," sa monsteret
"I would rather die than make you feel uneasiness"
"Jeg vil heller dø enn å få deg til å føle uro"
"I will send you to your father"
"Jeg vil sende deg til din far"
"you shall remain with him"
"du skal bli hos ham"
"and this unfortunate Beast will die with grief instead"
"og dette uheldige dyret vil dø av sorg i stedet"
"No," said Beauty, weeping
"Nei," sa skjønnheten og gråt
"I love you too much to be the cause of your death"
"Jeg elsker deg for mye til å være årsaken til din død"
"I give you my promise to return in a week"
"Jeg gir deg mitt løfte om å komme tilbake om en uke"
"You have shown me that my sisters are married"
"Du har vist meg at søstrene mine er gift"

"and my brothers have gone to the army"
"og mine brødre har gått til hæren"
"let me stay a week with my father, as he is alone"
"la meg bli en uke hos faren min, siden han er alene"
"You shall be there tomorrow morning," said the Beast
"Du skal være der i morgen tidlig," sa dyret
"but remember your promise"
"men husk løftet ditt"
"You need only lay your ring on a table before you go to bed"
"Du trenger bare legge ringen på et bord før du legger deg"
"and then you will be brought back before the morning"
"og så vil du bli brakt tilbake før morgenen"
"Farewell dear Beauty," sighed the Beast
"Farvel kjære skjønnhet," sukket udyret
Beauty went to bed very sad that night
skjønnhet gikk til sengs veldig trist den kvelden
because she didn't want to see Beast so worried
fordi hun ikke ville se beist så bekymret

the next morning she found herself at her father's home
neste morgen befant hun seg hjemme hos faren
she rung a little bell by her bedside
hun ringte en liten bjelle ved sengen
and the maid gave a loud shriek
og hushjelpen ga et høyt skrik
and her father ran upstairs
og faren hennes løp opp
he thought he was going to die with joy
han trodde han skulle dø av glede
he held her in his arms for quarter of an hour
han holdt henne i armene i et kvarter
eventually the first greetings were over
etter hvert var de første hilsenene over
Beauty began to think of getting out of bed
skjønnhet begynte å tenke på å komme seg ut av sengen
but she realized she had brought no clothes

men hun skjønte at hun ikke hadde tatt med seg klær
but the maid told her she had found a box
men hushjelpen fortalte henne at hun hadde funnet en boks
the large trunk was full of gowns and dresses
den store bagasjerommet var full av kjoler og kjoler
each gown was covered with gold and diamonds
hver kjole var dekket med gull og diamanter
Beauty thanked Beast for his kind care
skjønnheten takket dyret for hans vennlige omsorg
and she took one of the plainest of the dresses
og hun tok en av de enkleste av kjolene
she intended to give the other dresses to her sisters
hun hadde til hensikt å gi de andre kjolene til søstrene sine
but at that thought the chest of clothes disappeared
men ved den tanken forsvant kleskrinet
Beast had insisted the clothes were for her only
beist hadde insistert på at klærne bare var for henne
her father told her that this was the case
faren fortalte henne at dette var tilfelle
and immediately the trunk of clothes came back again
og straks kom klesstammen tilbake igjen
Beauty dressed herself with her new clothes
skjønnheten kledde seg med sine nye klær
and in the meantime maids went to find her sisters
og i mellomtiden gikk tjenestepiker for å finne søstrene hennes
both her sister were with their husbands
begge søstrene hennes var sammen med sine menn
but both her sisters were very unhappy
men begge søstrene hennes var svært ulykkelige
her eldest sister had married a very handsome gentleman
hennes eldste søster hadde giftet seg med en veldig kjekk herre
but he was so fond of himself that he neglected his wife
men han var så glad i seg selv at han forsømte sin kone
her second sister had married a witty man
hennes andre søster hadde giftet seg med en vittig mann

but he used his wittiness to torment people
men han brukte sin vitnesbyrd til å plage folk
and he tormented his wife most of all
og han plaget sin kone mest av alt
Beauty's sisters saw her dressed like a princess
skjønnhetens søstre så henne kledd som en prinsesse
and they were sickened with envy
og de ble syke av misunnelse
now she was more beautiful than ever
nå var hun vakrere enn noen gang
her affectionate behaviour could not stifle their jealousy
hennes kjærlige oppførsel kunne ikke kvele deres sjalusi
she told them how happy she was with the Beast
hun fortalte dem hvor glad hun var i dyret
and their jealousy was ready to burst
og deres sjalusi var klar til å briste

They went down into the garden to cry about their misfortune
De gikk ned i hagen for å gråte over ulykken sin
"In what way is this little creature better than us?"
"På hvilken måte er denne lille skapningen bedre enn oss?"
"Why should she be so much happier?"
"Hvorfor skulle hun være så mye lykkeligere?"
"Sister," said the older sister
«Søster», sa storesøsteren
"a thought just struck my mind"
"en tanke slo meg"
"let us try to keep her here for more than a week"
"la oss prøve å holde henne her i mer enn en uke"
"perhaps this will enrage the silly monster"
"kanskje dette vil gjøre det dumme monsteret rasende"
"because she would have broken her word"
"fordi hun ville ha brutt ordet"
"and then he might devour her"
"og så kan han sluke henne"
"that's a great idea," answered the other sister

"det er en god idé," svarte den andre søsteren
"we must show her as much kindness as possible"
"vi må vise henne så mye vennlighet som mulig"
the sisters made this their resolution
søstrene gjorde dette til deres beslutning
and they behaved very affectionately to their sister
og de oppførte seg veldig kjærlig mot sin søster
poor Beauty wept for joy from all their kindness
stakkars skjønnhet gråt av glede av all deres vennlighet
when the week was expired, they cried and tore their hair
da uken var utløpt, gråt de og rev seg i håret
they seemed so sorry to part with her
de virket så lei seg for å skille seg fra henne
and Beauty promised to stay a week longer
og skjønnheten lovet å bli en uke lenger

In the meantime, Beauty could not help reflecting on herself
I mellomtiden kunne ikke skjønnheten la være å reflektere over seg selv
she worried what she was doing to poor Beast
hun var bekymret for hva hun gjorde mot stakkars beistet
she know that she sincerely loved him
hun vet at hun elsket ham oppriktig
and she really longed to see him again
og hun lengtet virkelig etter å se ham igjen
the tenth night she spent at her father's too
den tiende natten tilbrakte hun også hos faren
she dreamed she was in the palace garden
hun drømte at hun var i slottshagen
and she dreamt she saw the Beast extended on the grass
og hun drømte at hun så dyret utstrakt på gresset
he seemed to reproach her in a dying voice
han så ut til å bebreide henne med en døende stemme
and he accused her of ingratitude
og han anklaget henne for utakknemlighet
Beauty woke up from her sleep
skjønnheten våknet fra søvnen hennes

and she burst into tears
og hun brast i gråt
"Am I not very wicked?"
"Er jeg ikke veldig ond?"
"Was it not cruel of me to act so unkindly to the Beast?"
"Var det ikke grusomt av meg å handle så uvennlig mot udyret?"
"Beast did everything to please me"
"beist gjorde alt for å glede meg"
"Is it his fault that he is so ugly?"
"Er det hans feil at han er så stygg?"
"Is it his fault that he has so little wit?"
"Er det hans feil at han har så lite vidd?"
"He is kind and good, and that is sufficient"
"Han er snill og god, og det er nok"
"Why did I refuse to marry him?"
"Hvorfor nektet jeg å gifte meg med ham?"
"I should be happy with the monster"
"Jeg burde være fornøyd med monsteret"
"look at the husbands of my sisters"
"se på ektemennene til søstrene mine"
"neither wittiness, nor a being handsome makes them good"
"verken vitneri, eller et vesen kjekk gjør dem gode"
"neither of their husbands makes them happy"
"ingen av ektemennene deres gjør dem lykkelige"
"but virtue, sweetness of temper, and patience"
"men dyd, temperamentets sødme og tålmodighet"
"these things make a woman happy"
"disse tingene gjør en kvinne glad"
"and the Beast has all these valuable qualities"
"og udyret har alle disse verdifulle egenskapene"
"it is true; I do not feel the tenderness of affection for him"
"det er sant; jeg føler ikke ømheten av hengivenhet for ham"
"but I find I have the highest gratitude for him"
"men jeg finner ut at jeg har den høyeste takknemlighet for ham"

"and I have the highest esteem of him"
"og jeg har den høyeste aktelse av ham"
"and he is my best friend"
"og han er min beste venn"
"I will not make him miserable"
"Jeg vil ikke gjøre ham ulykkelig"
"If were I to be so ungrateful I would never forgive myself"
"Hvis jeg skulle vært så utakknemlig, ville jeg aldri tilgitt meg selv"
Beauty put her ring on the table
skjønnheten la ringen sin på bordet
and she went to bed again
og hun la seg igjen
scarce was she in bed before she fell asleep
knapt var hun i seng før hun sovnet

she woke up again the next morning
hun våknet igjen neste morgen
and she was overjoyed to find herself in the Beast's palace
og hun var overlykkelig over å finne seg selv i udyrets palass
she put on one of her nicest dress to please him
hun tok på seg en av sine fineste kjoler for å glede ham
and she patiently waited for evening
og hun ventet tålmodig på kvelden
at last the wished-for hour came
kom den ønskete timen
the clock struck nine, yet no Beast appeared
klokken slo ni, men ingen beist dukket opp
Beauty then feared she had been the cause of his death
skjønnhet fryktet da hun hadde vært årsaken til hans død
she ran crying all around the palace
hun løp gråtende rundt i palasset
after having sought for him everywhere, she remembered her dream
etter å ha søkt etter ham overalt, husket hun drømmen
and she ran to the canal in the garden
og hun løp til kanalen i hagen

there she found poor Beast stretched out
der fant hun stakkars beist utstrakt
and she was sure she had killed him
og hun var sikker på at hun hadde drept ham
she threw herself upon him without any dread
hun kastet seg over ham uten frykt
his heart was still beating
hjertet hans slo fortsatt
she fetched some water from the canal
hun hentet litt vann fra kanalen
and she poured the water on his head
og hun helte vannet på hodet hans
the Beast opened his eyes and spoke to Beauty
dyret åpnet øynene og snakket til skjønnheten
"You forgot your promise"
"Du glemte løftet ditt"
"I was so heartbroken to have lost you"
"Jeg var så knust å ha mistet deg"
"I resolved to starve myself"
"Jeg bestemte meg for å sulte meg selv"
"but I have the happiness of seeing you once more"
"men jeg har gleden av å se deg igjen"
"so I have the pleasure of dying satisfied"
"så jeg har gleden av å dø fornøyd"
"No, dear Beast," said Beauty, "you must not die"
"Nei, kjære beist," sa skjønnhet, "du må ikke dø"
"Live to be my husband"
"Lev for å være mannen min"
"from this moment I give you my hand"
"fra dette øyeblikket gir jeg deg min hånd"
"and I swear to be none but yours"
"og jeg sverger å ikke være andre enn din"
"Alas! I thought I had only a friendship for you"
"Akk! Jeg trodde jeg bare hadde et vennskap for deg"
"but the grief I now feel convinces me;"
"men sorgen jeg nå føler overbeviser meg;

"I cannot live without you"
"Jeg kan ikke leve uten deg"
Beauty scarce had said these words when she saw a light
skjønnhet hadde knapt sagt disse ordene da hun så et lys
the palace sparkled with light
palasset glitret av lys
fireworks lit up the sky
fyrverkeri lyste opp himmelen
and the air filled with music
og luften fylt med musikk
everything gave notice of some great event
alt ga beskjed om en flott begivenhet
but nothing could hold her attention
men ingenting kunne holde oppmerksomheten hennes
she turned to her dear Beast
hun snudde seg til sitt kjære beist
the Beast for whom she trembled with fear
dyret som hun skalv av frykt for
but her surprise was great at what she saw!
men overraskelsen hennes var stor over det hun så!
the Beast had disappeared
dyret var forsvunnet
instead she saw the loveliest prince
i stedet så hun den vakreste prinsen
she had put an end to the spell
hun hadde gjort slutt på trolldommen
a spell under which he resembled a Beast
en trolldom hvor han lignet et beist
this prince was worthy of all her attention
denne prinsen var all oppmerksomheten hennes verdig
but she could not help but ask where the Beast was
men hun kunne ikke la være å spørre hvor dyret var
"You see him at your feet," said the prince
"Du ser ham for dine føtter," sa prinsen
"A wicked fairy had condemned me"
"En ond fe hadde fordømt meg"

"I was to remain in that shape until a beautiful princess agreed to marry me"
"Jeg skulle forbli i den formen til en vakker prinsesse gikk med på å gifte seg med meg"
"the fairy hid my understanding"
"feen gjemte min forståelse"
"you were the only one generous enough to be charmed by the goodness of my temper"
"du var den eneste sjenerøse nok til å bli sjarmert av det gode humøret mitt"
Beauty was happily surprised
skjønnheten ble lykkelig overrasket
and she gave the charming prince her hand
og hun ga den sjarmerende prinsen sin hånd
they went together into the castle
de gikk sammen inn i slottet
and Beauty was overjoyed to find her father in the castle
og skjønnheten var overlykkelig over å finne faren hennes i slottet
and her whole family were there too
og hele familien hennes var der også
even the beautiful lady that appeared in her dream was there
selv den vakre damen som dukket opp i drømmen hennes var der
"Beauty," said the lady from the dream
«skjønnhet», sa damen fra drømmen
"come and receive your reward"
"kom og motta din belønning"
"you have preferred virtue over wit or looks"
"du har foretrukket dyd fremfor vidd eller utseende"
"and you deserve someone in whom these qualities are united"
"og du fortjener noen som disse egenskapene er forent i"
"you are going to be a great queen"
"du kommer til å bli en stor dronning"
"I hope the throne will not lessen your virtue"

"Jeg håper ikke tronen vil redusere din dyd"
then the fairy turned to the two sisters
så vendte feen seg mot de to søstrene
"I have seen inside your hearts"
"Jeg har sett inni hjertene deres"
"and I know all the malice your hearts contain"
"og jeg vet all ondskapen deres hjerter inneholder"
"you two will become statues"
"dere to vil bli statuer"
"but you will keep your minds"
"men du vil holde tankene dine"
"you shall stand at the gates of your sister's palace"
"du skal stå ved portene til din søsters palass"
"your sister's happiness shall be your punishment"
"din søsters lykke skal være din straff"
"you won't be able to return to your former states"
"du vil ikke kunne returnere til dine tidligere stater"
"unless, you both admit your faults"
"med mindre dere begge innrømmer deres feil"
"but I am foresee that you will always remain statues"
"men jeg er forutsett at du alltid vil forbli statuer"
"pride, anger, gluttony, and idleness are sometimes conquered"
"stolthet, sinne, fråtsing og lediggang blir noen ganger beseiret"
"but the conversion of envious and malicious minds are miracles"
" men omvendelse av misunnelige og ondsinnede sinn er mirakler"
immediately the fairy gave a stroke with her wand
umiddelbart ga feen et slag med tryllestaven
and in a moment all that were in the hall were transported
og i et øyeblikk ble alle som var i salen fraktet
they had gone into the prince's dominions
de hadde gått inn i fyrstens herredømme
the prince's subjects received him with joy

prinsens undersåtter tok imot ham med glede
the priest married Beauty and the Beast
presten giftet seg med skjønnheten og udyret
and he lived with her many years
og han bodde hos henne i mange år
and their happiness was complete
og deres lykke var fullstendig
because their happiness was founded on virtue
fordi deres lykke var basert på dyd

The End
Slutten

www.tranzlaty.com

www.ingramcontent.com/pod-product-compliance
Lightning Source LLC
Chambersburg PA
CBHW012013090526
44590CB00026B/3984